何とか結婚できないものでしょうか

発言小町シリーズ

大手小町編集部編

廣済堂出版

はじめに

「発言小町」は、読売新聞が運営する女性向け掲示板です。ウェブ版「井戸端会議」の場として1999年10月に誕生しました。月間のアクセス数が1億にもなる人気の掲示板に成長し、おかげさまで20周年を迎えることができました。

「発言小町が心の支えでした」「あのとき乗り越えられたのは、発言小町があったから」

こんな嬉しい言葉を聞くことがあります。例えば、子育てと仕事の両立に悪戦苦闘していた女性が、同じような状況の人がほかにもいて、その悩みにたくさんの人が寄り添って応援しているのを読んで、とても励まされたというのです。

相談や話題を投げかける最初の書き込みを「トピ（＝トピック）」、それに対する回答の投稿を「レス（＝レスポンス）」と呼んでいます。これらの投稿は、掲載前に編集部が目を通し、誹謗中傷などをチェックしているので、安心して利用していただけるのが特徴です。

投稿者の年代も幅広く、地域も日本国内のみならず海外からの投稿もあります。恋愛や結婚、子育て、親との関係、仕事や健康など内容はバラエティー豊か。トピとレスのかけあいが面白くて、ついついパソコンやスマホに釘付けになってしまうという人も多いことでしょう。トピに対して「面白い」「涙ぽろり」「エール」などの投票ができる「これポチ投票」という機能で、掲示板に参加することもできます。

1日に平均2000件もの投稿が寄せられ、次の展開が知りたくてワクワクするようなトピもあれば、涙なしには読み進められない感動のトピもあります。そして、取るに足らない話題で盛り上がるのも、発言小町ならではの楽しさです。

発言小町は時代を映す鏡のようなものです。最近は、婚活やお一人様事情に関するトピが盛り上がっています。本書のタイトルとなった「何とか結婚できないものでしょうか」は、トピ主「ユーリー」さんのユーモアあふれる筆致にくすりと笑いつつ、温かいレスでみんなが見守っている感じが伝わってきます。

掲示板は、投稿する方が作り上げるものです。まだ、発言小町を見たことがないという方、本書をお読みになって興味を持ったら、ぜひのぞいてみてください。そして、あなたの疑問や悩みを投稿してみてください。きっと誰かがレスをしてくれます。これからも発言小町を活用し、楽しんでいただけたら幸いです。

大手小町編集部

目次

＊本書は、「発言小町」のサイト上にアップされた投稿をもとにまとめさせていただきました。「発言小町」上におきましては、引用・転載の可能性をあらかじめ断った上で許諾をいただいております。以上の理由により、投稿者の方々には無償転載・出版をご了承いただきたく存じます。
誤字・脱字・表記統一などにおいて要旨を変えない範囲で編集をした箇所、また構成上、レスなどで割愛させていただいたものもありますこと、あらかじめご容赦願います。

表紙デザイン／伊﨑 忍（Studio BP）　本文・デザイン／株式会社ピーエーディー
表紙・本文イラスト・４コマ漫画／宮咲ひろ美　校正／長田あき子

何とか結婚できないものでしょうか

発言小町シリーズ

大手小町編集部編

廣済堂出版

TOPIC 1

何とか結婚できないものでしょうか

ユーリー

47歳になってしまいました。一度も結婚することなく。

20代の頃から美人で通っていました。大学卒業後ずっと正社員として働いており、そこそこの蓄えはあります。料理得意です。友達多いです。

でも独身です。

何がいけなかったのか。いえ、30代後半まで望みが高かった事は認めます。容姿、年収、家族構成、私の要求をすべて満たしてくれる相手が、いつか現れると思っていました。**自分より劣る友人や後輩**が「嘘でしょ」というような好条件の相手と結ばれるのを見て、絶対負けてなるものかと突き進んだ結果、お声が掛からないまま知らないうちに、信じられないくらい齢を食っておりました。

47歳。同い年の女性に女優の**石田ゆり子**さんがいらっしゃいます。インスタグラムに石畳の上で寝転んだ姿をアップした途端、絶賛の嵐。私も見ました。すごく綺麗《きれい》でした。負けられないと、甥っ子に同じ感じで撮ってもらいました。

「どう？　どう？　石田ゆり子さんって感じ？」と聞いたら、「**何か行き倒れみたい**」と失礼な言い様。

「あなたの撮り方が悪いんじゃないの」と言ったら、「伯母さん。石田ゆり子さんみたいに綺麗な人は、ちゃんと綺麗に写るんだよ。そうでない人は、それなりにしか写らないの」

昔のCMみたいな台詞《せりふ》で甥っ子からも馬鹿にされるとは。

「女優さんと張り合うのが間違い。伯母さんは、年のわりに綺麗な部類に入るから自信持って」

「あらそう」

「仮に結婚出来なくても僕が将来面倒見てあげるし」

「結婚出来なくても」という言葉に引っ掛かったけど、うれしいこと言ってくれるじゃないと思っていたら、

「だから財産は僕に譲るって遺言書に書いておいてね」
もう帰ってちょうだい。ああ口惜《くちお》しい。
47歳。子供は産めないかもしれませんが、40歳過ぎの好条件の男性を振り向かせるのに良い方法ありませんか。

楽しそうですね　カノッサ

結婚以外は、それなりに楽しく満たされた人生みたいですね。甥っ子とのやり取りもほのぼのしてるし（笑）。

年下の男性を振り向かせる方法ありますよ。

あなたには蓄えた財産という武器がある。容姿と違って、お金は年月がたっても劣化しませんしね。甥っ子に遺産で残すくらいなら、**お金を武器に男を釣りましょう！**

モテそう

同い年

よくある、勘違いさんの愚痴トピか～と思って読んでみたら、トピ主さん面白いじゃないですか！

モテそうなのになあ。高望みし過ぎたのか、高嶺《たかね》の花に見せすぎたのか、ガードが固かったのかなあ。

そのままの性格を出して婚活に参加すれば、案外すぐお相手が見つかると思いますよ。

人が羨む結婚

はらぺこあおへび

好条件の男性を振り向かせる方法はわかりませんが、人が羨む様な結婚をする方法はあります。

取り敢えず、条件を一つに絞りませんか？

例えば「一緒にいて笑いが絶えない楽しい人」。貧乏でもブサイクでも構わない。他人が何を言おうと、ユーリーさんが満面の笑顔で「一緒にいると楽しくて楽しくて。人生でこんなに一緒にいたいと思える人と出会えるとは思いもしなかった!」と、のろけまくる。

条件にこだわって結婚しなかったトピ主さんが、**冴《さえ》えない男性にメロメロ**になったのを見たら、誰もが彼を素晴らしい男性だと信じるはずです。

条件が良くても、結婚して20年も経つと、夫婦仲が冷めている人たちもいます。「一緒にいると楽しくて、楽しくて」。そんな人を見つけてください。

トピ主さんならすぐに見つかるでしょう。

好条件の結婚とは　ねこむすめ

いわゆる浮世離れした「結婚したい」願望を持つ人ではなく、トピ主さん、面白いと思います。応援したいです。

30代後半まで理想が高かったんですね。加えて負けず嫌い。友人より「条件の良い」人と結婚したいと思っていて、気づけば周りはすべて結婚し、自分だけが残っていた。案外、美人は残るんです。**男性は「自分の方が劣る」結婚はしたくありませんから。**

「条件の良い結婚」っていろいろあります。経済的、社会的、家柄的、すべてがそろっている人ももちろんいます。でも、その人たちが皆シアワセに暮らしているかというと、わかりませんよ。

私は、トピ主さんに似合う「条件の良い結婚」は、「相性に恵まれた結婚」だと思います。

料理得意、友達多い、蓄えもそこそこある。これを武器に、ひたすら「出会いを作りまくる」のがいいと思います。

トピ主さんならご縁がありそう　ゆうへい41

トピ文を拝見して、お友だちになりたくなりました！

美人で仕事もできて、ユーモアのセンスもあり、きちんとご自身を客観視できる大人の女性だとお見受けしました。

トピ主さんのような素敵な方であれば、バツはついているかもですが、知的で財力もあるナイスミドル（古っ）と遠からず出会いがありそうな気がします。

応援してます！

結婚してください！

しょうが

あなたのような女性がまさにタイプです。あなたと一緒にいたら毎日楽しい日々を送れそうだと思いました。ぜひ私と結婚してください!!

……と、私が男だったら言いたいです。

女でごめんなさい!!

でも、あなたはすごく魅力的な方だと心から思います。ずっとそのままのあなたでいてください。

ユーリーです　　　　ユーリー（トピ主）

レスありがとうございます。お返事する前に、トピを立てたもう一つの理由を聞いて下さい。

連休中に高校の同窓会が十数年ぶりにありました。私は先約があり欠席しました。参加した友人に聞いたのですが、皆が私に会いたがっていたそうです。そりゃ、そうでしょう。私は当時硬式テニス部のキャプテン。類まれなる運動神経、華麗なる容姿。羨望の的でした。

そんな私は、部員から「**お蝶夫人**」と呼ばれていました。皆さんもご存知でしょう。「エースをねらえ！」の登場人物で、「こんな女子高生いるかよ」と突っ込まれていた、主人公よりキャラの立った竜崎麗香さん。その通り名が「お蝶夫人」。

そんな絶対的存在だった私が、いまだに独身で婚活中であることを聞いた人がこう言ったらしいのです。「ここまで来たら、**アチャー夫人**だね」と。

「どういう意味かしら？」

「残念すぎるってことじゃないかしら」

ぐぬぬぬぬ……。

「いいじゃない。**未婚で夫人って言って貰えるんだから**」

何がいいって？　もう私絶望しました。絶対年下の好条件の男と結婚して見返してやるんだって決めました。

だから励ましてください。

今の時代・・・　ののみ

女性の「**結婚できない3K**」があります。

「きれい」「高学歴」「高収入」。

今の時代は結婚に不利な条件なのです。多くの男性にとって女性は好感の持てる容姿であればOK。美人はお金がかかりそうで、家庭的じゃなさそうなイメージもあります。高学歴じゃない方がいいし、収入も男性より少ないくらいがいいと思っています。

40過ぎよりロマンスグレーを狙った方が懸命だと思います。

うん、結婚できるよ

うんうん

お蝶夫人……懐かしい〜。

座布団くらいある大きなリボンに金髪！　テニスウェアのように短い制服のスカート！

ぜひ、お蝶夫人のコスチュームで甥っ子さんに写真を撮って貰ってください。

お見合い写真に使えば、どんな男性でもイチコロでしょう（笑い）。

ユーリーです

ユーリー（トピ主）

皆様、沢山のご意見ありがとうございました。

今朝、私を呼ぶ声がして玄関を出ますと、白馬に乗ったスーツ姿の男性がいました。手を差し伸べられたので馬にまたがりますと、何故かバイクに変わっていて、走行中、私は男性の背中にへばりつきながら幸せを感じておりました。

「大丈夫、この人？」と思われたかもしれませんが、そんな夢から目覚めたばかりで、このレスをしたためております。

お友達になりたい、楽しそうと何人もの方に書いていただきました。実際、女友達は多いです。きっと皆さんとも楽しいおつき合いができると思います。

厳しいご意見、もっともだと感じております。30代にも間違われる私ですが、実年齢は嘘をつきません。腰が痛いです。もちろん、この年で出産できるなどとは思っておりません。

定職、貯蓄があれば今さら結婚なんて、というご意見については、実のところ、そう思ってはいます。**石田ゆり子さんも独身**ですし。

「ユーリー伯母さん、本当に結婚したいの？　というか、本当にしたかったの？」

甥っ子の問いに、何故過去形なんだと憤りながらも、返答に窮しました。

そういうタイプはモテないです　tomo

お蝶夫人タイプってモテないですよ。見てるだけでお腹《なか》一杯なんです。男性がモノにしたいと思うのは自分だけを見てくれそうな、言い方は悪いが手ごろ感のある女性。クラスでも職場でも1番の美女より2～5番目あたりがモテる。1番の美女を手に入れて、他人から羨ましがられたい見栄っ張りの（トピ主様の男版のような）男性もいますけど、少数派です。

半世紀近くも生きてきて、その辺りの男女の機微がわかりませんかね。独身なのもさることながら、実は人を心底好きになったり恋愛で傷ついたりした経験もないのでは。明るくユーモアがあるのは結構ですが、やはり40代後半にもなって人間としての深みがないのは相当な欠陥だと思います。

年下で好条件とか、見返してやるとか、そんなこと言ってるからダメなんです。とにかく人を好きになってみなさい。**相手の条件を好きになるのではなく「その人」を好きになるのです。**

もう止めてぇ

歌丸

お蝶夫人は皆のあこがれ、輝いてた人ってことですよね。あなたも本当は「私はまだまだ十分イケる、昔の友人が証明してくれた」って思ってる。心の中では白馬の王子様を信じている。

同じ年でも独身のあなたは若々しいと思います。きっと自分にお金をかけてきれいにしているのでしょう。

でも、すごく悲しくなるのは何故？

「もう良いよ！　それ以上言わなくて！」

ぎゅっと抱きしめて、そう叫んでしまいたくなるのはどうしてなの？

ユーリーです

ユーリー（トピ主）

面白い人と書いてくださる方、痛すぎる受け狙いの構ってちゃんと書いてくださる方、双方のご意見を参考に、今後の婚活に生かしていこうと思います。

甥っ子と姪っ子（高校生と中学生）が、日曜に家に来ました。

小町を拝見していますと、自分（もしくは配偶者）に独女の姉妹がいる場合、**なるべく子供たちを接触させたくない**と考える方も存在するみたいですね。

「父さんと母さんがユーリー伯母さんが結婚出来なかったのは、休みに僕たちの面倒を見てくれてたからかもと言ってた」

妹夫婦はお互いが土日は仕事です。だから休みの日は甥と姪の面倒を見ていました。そんなことあなたたちに言ったのか聞いた所、たまたま聞いたそうです。

「瀬戸際の時に僕たちのせいで、できなかったのかな」

いやまあ、そういう訳じゃないけどね。それより、瀬戸際って何。

「父さんも母さんも絶対駄目だって言わないと思うけど、ユーリー伯母さんが、おばあちゃんになって病気になったら、ちゃんと面倒見るからね」

ああ、甥っ子はやっぱり良い子だな、嬉しいなと思っていたら、

「だから財産は僕に譲るって遺言状に……」

もう、えーっちゅーねん。

さてさて、**この1年間に結婚すると決めました**ので、婚約が整い次第ご報告をさせていただくという事にしとうございます。

では、皆さん。それまで、ごきげんよう。

もっと  一言

性格は満点だと思うので、縁結びの神様にお願いされては。

きなこ

「ちょっとお兄さん、私の全財産を共有しない？」と声を掛けたら振り向くのでは？

ぷう

夢はあるけど金がない若い芸術家のパトロンになってみてはいかがでしょうか？

副社長

その自虐とユーモアがあれば、何とかなるかもしれません。

みみりん

結婚の執着から離れたときに、良縁のある方のように思えます。

すずらん

好条件の男性だったら、もっと若い女性を狙います。

sera

甥っ子さん、姪っ子さんより先に結婚できることを祈ります。

私も姪と甥の叔母

最近、恋してますか？まずそこからじゃないですか？

ミャー

ユーリーです

ユーリー（トピ主）

すっかりご無沙汰をしておりまして。

ええ、残念ながら婚約はまだ整っていないんです。

じゃあ出てくんなよ、なんて仰らないでください。

最近、石田ゆり子さんのニュース多いですね。コーヒーのCMが大評判だそうで。

私、例によって甥っ子の前で同じようにやってみたんです。缶コーヒー片手に持って。たおやかな微笑みを送りました。

「どう？　どう？　石田ゆり子さんって感じ？」と聞いたら、

「うーん、何か見てはいけないものを見てしまった感じ」と失礼な言い様。

でもまあ、石田ゆり子さんには到底かないません。男性はもちろん、女性にも好かれる素敵な女優さんです。奇跡の48歳って言われるのもわかります。

「ユーリー伯母さんだって『奇跡の48歳』じゃん」

「あらそう」

「うん。…………**ある意味」**

ぼそっと言った一言を聞き逃すような私ではありません。追いかけまわしてやりました。その際、思いっきり足の小指を角にぶつけてしまい七転八倒。地獄の苦しみを味わいました。48にもなってこんなに大人げないのが縁遠い原因でしょうか。

「そこがユーリー伯母さんの良いところでもあるんだけどな」

甥っ子と姪っ子に慰められて少し泣いてしまいました。

お久しぶりです　遥香

久しぶりのレス、待ってました。良い甥御さん、姪御さんですね。是非、遺言状はのぞみ通りに書いてあげて下さいね（冗談です）。婚約が整わなくても、時々近況報告してくださいね。楽しみにしています。

でもユーリーさん、お美しいし、面白いのに、どうしてご縁が無いのか不思議です。

あれま　ドビッシャー女

ユーリーさん、お元気そうで何よりです。↑嫌みではございません（笑）。幾度となくこちらのトピックを拝見しつつ、最初は何だか痛い女性だわ～（ごめん）と感じて引いてたのですが、レスを読んでたら、段々と親近感を覚えて来る自分にビックリしております（またもごめん）。

いえね、私も石田ゆり子さんのＣＭ真似てやったんですよ。夫の前で。そしたら、「うーん…違う。何かが違う」と……。

何がちゃうねん！　と聞いたら、「そのノリかな」と。

まあ別に私の話しは置いといて。ユーリーさんの朗らかさに魅力を感じ、人柄に惚れてくださる殿方と出会って、結婚にこぎ着けていただきたいと、少し歳上のオバチャンは思う訳であります。

甥っ子・姪っ子ちゃんのため（？）にも、是非頑張っていただきたい。

陰ながら応援しておりますわよ。

強く生きてください　レンコンおばさん

同年代の女性、既婚の子持ち専業主婦です。

私は美人でも料理上手でもないけれど20代で結婚しました。その部分だけを見たら世間は勝ち組と言ってくれるような境遇におります。**自分のために生きるというより、家族の都合優先、家族のために生きてきたような人生ですよ。**アラフィフになった今、やっと自分の時間を取り戻してきていますが、今もまだ家族の都合に振り回されています。

私にとっては結婚ってそんなもんです。昔のように一日中家事に追われるわけではもちろんありません。掃除洗濯など、普通に機械を使います。でも私が起きる時間、寝る時間、外出できる時間、すべては家族の予定を聞き、それにあわせているのです。

自分の選んだ道ですから、その部分は納得しています。でも多分、ユーリさんのようなきれいで有能な方には合わない生活だと思いますよ。

素敵に生き抜いてください！

ユーリーです

ユーリー（トピ主）

婚約の報告ではなかったのに、温かいお言葉と沢山のこれポチへの投票をありがとうございます。期待？　を裏切ってしまい申し訳ございません。正直なところ、投稿可能のうちに良い報告が果たして出来るのか、かなり不安です。

甥と姪が可愛くて仕方ない私ですが、自分の子供ではありませんので、妹夫婦の子供を育てて行く上での苦労・苦悩を言葉としては聞いていても、自らの実感として捉えているかというと答えは否です。

所謂《いわゆる》いいとこ取りの状況で、当たり前の顔をして甥と姪に必要以上に干渉してはいけないと思っています。思春期を迎えている二人に対し、伯母として今後どう接していくべきか、それは常に考えています。

距離の取り方も今後は変わっていくでしょう。

とは言うものの、二人の方から会いに来てくれることが多いのも事実。

「お母さんが、ユーリー伯母さんがマンションで倒れてないか見てこいって言うから来た」（我が妹とはいえ酷い）

「彼氏らしい男性がいたら邪魔せず帰ってくるんだぞ、ってお父さんが言ってた」

「でもそんなこと今まで一回もないよ、ってお父さんに言ったら『万が一という事もある』だってさ」（ほっといてほしい）

でも甥っ子は言ってくれるんです。

「恋愛の悩みを親には相談したくないから、その時はユーリー伯母さんに聞くし」

「おう。いつでも聞くよ」

「あ、私も相談に乗って欲しい」と姪。

「もちろん。いつだって言って。将来は結婚の相談も任せて」

「……結婚はいい」

「何で？」

「だって、ほら。『成功者に学べ』って言葉あるでしょ」

「ほっほー（怒）」

さて、アドバイスを読ませていただき、今度こそ婚約が整ったという報告をしたいと思ってます。

乞うご期待。

結婚は幸せを約束してはくれない　hvyv7

トピ主さん、このまま未婚で人生を謳歌なさった方がいいと思います。

苦労を背負わなくても、ご自分の生きたいように人生を楽しんで全うなされば、これほど幸せなことはないと思います。

人は人、自分は自分。傍の目など気にせず、我が道を歩まれた方が賢明だと思います。

自虐キャラ　ふふみ

先日、マツコ・デラックスさんが自虐ネタばかり言う女性に、「自分から自虐キャラを引き受けちゃうと、幸せになれないよ」と仰っていました。

雷に打たれたような気持ちになりました。今までそうやって生きてきちゃったから。でも、もう、嫌われてもいいから体が動くうちにガツガツやりましょうよ。

私もみっともなくてもいいからガツガツやります。

ユーリーです

ユーリー（トピ主）

ご無沙汰を致しております。皆様、如何お過ごしでしょうか。新たなレス、ありがたく拝読させていただきました。ありがとうございます。

今日は雨ですが、ひと雨ごとに暖かくなってくるのでしょう。もう春ですね。さて、報告期限の5月が近付いてまいりました。これはもうアカンかもしれんね、などとそろそろ開き直り始めている今日この頃です。

巷では石田ゆり子さんのエッセイが大反響だそうですね。もちろん私も読ませていただきました。文才もあり、本当に石田ゆり子さんは素敵な方です。

私と憧れのゆり子さんとの共通点を挙げてみました。

1. 年齢
2. 既婚の妹がいる
3. 美人でありながら可愛い（自分で言っちゃう）
4. 高嶺の花のためか独身（私に告白したくて出来なかった男性が何人もいるんだろうな）

5．学生の時スカウトされた（すみません、嘘です）

6．もうない

まあ、こんなくらいでしょうか。

「同じ女とか」と姪。そんなの駄目、大雑把すぎる。

「共通点を探したところで意味ないと思うよ。それに、石田ゆり子さんより良いところ、ユーリー伯母さんにはいっぱいあるから」

「本当？　例えば」

「……ええっとね」

何でスッと出てこないのか。

「私たちを凄く可愛がってくれるとことか」

いや、石田ゆり子さんはあなたたちを知らないし、そもそも全くの赤の他人を可愛がるはずないでしょうが。

そんな高尚な会話のさなか、姪を迎えに妹が来ました。

「ね、これから私のこと『ゆり子姉さん』って呼んでみない？　私も貴女のこと『ひかり』って言うからさ」

「やだよ。私『ひかり』って名前じゃないし。姉さんだって『ゆり子』じゃないじゃない」

あっさり断られてしまいました。

あのう、何か昨年の5月からやってること全然変わってないなと思っておられませんか。

実はその通りなのです。

はじめまして

aki

私は結婚の約束をしていた彼にフラれ、**今、独身街道を寄り道せずまっすぐに走っています。**

30代半ばになり、いつか当然できると思っていた結婚、そう甘くないと知りました。ある人にとっては難しいことなどなにもなく、右足の次に左足を出すようなものなのかもしれません。あれ、よく考えたら右ってなんだ……？　などと考え始めたことが、結婚というゴールにたどり着かない終わりの始まりかもしれません。

ユーリーさんの文章を読んで、心がほっこり温まる笑いがありました。私の甥っ子たち、姪っ子たち、小さくてとっても可愛いのですが、一丁前になってこんな楽しい会話ができたらな～と思いました。

結婚に焦りを感じるとき、自信をなくすとき、いろんなときがありますが、なにより心にゆとりをもって生きたいものです。

私、頑張ります。**頑張って、真面目に生きる私を好きになりたい。**

ユーリーさんにますますの幸せが訪れますよう、心よりお祈り申し上げます。

ユーリー伯母さん面白い！

モタヨシ

42歳、独身（未婚）の男性ですが、甥っ子と姪っ子との心温まるふれ合いを表現なさっているユーリー伯母さんの文章に、思わず噴き出しました。

もう「結婚」などにこだわる必要は、まったくないのではありませんか。

私自身は未婚とはいえ、あいにく好条件とはいいがたい男で、ユーリー伯母さんと違って蓄えもほとんどありません。結婚願望もなくはないのですが、この年齢に達すると、趣味を充実させるなど、独りの時間をそれなりに楽しく過ごす術を身につけました。

ユーリー伯母さんも、きっと「おひとり様」を充実させる様々な知恵をお持ちであるに違いありません。何より、かわいい甥っ子と姪っ子の存在が、ユーリー伯母さんの生きがいになっているのではありませんか？

念願の「結婚」をしたとしても、甥っ子と姪っ子の笑顔をみる機会が減ったら、本末転倒。逆に不幸になるかもしれません。まあ、甥っ子と姪っ子をユーリー伯母さんと同じように可愛がってくれる「白馬の王子様」が現れたら、それはそれでハッピーになれるでしょうが。

ユーリー伯母さんの文章に魅力を感じる男性もきっといるはずですので、何らかの情報発信を続けていかれれば、もしかしたらユーリー伯母さんのユーモアを心から理解してくれる若い年増好きの男性に巡り会えるかもしれませんよ。

ユーリーです

ユーリー（トピ主）

期限が近付いてまいりました。とうとう婚約報告が出来ずに終了となりそうです。前に、姪っ子から言われた事があります。

「子供の頃はユーリー伯母さんのこと知らない人から『この前一緒にいた女の人は誰』って良く聞かれた。『お母さんのお姉さん』って教えたら、『モデルかなんかしてたの』とか言われたよ」

その頃はもう40に入りかけていましたが、綺麗な人はずっと変わらず綺麗なんですよね。

はははははは、は～あ。

妹家族はGWに国内旅行。一緒に来たらと義弟にまで言われたけれど、そこは一線引きました。両親はすでにいないし、女子会も前半に固めてしまったし、残りの長期休暇は少し寂しい。

どこへ行っても混んでいるGWを避けて、来週以降に信州の蕎麦屋巡りでもしようかな。比較的コンパクトなサイズながら後輪駆動の我が愛車を駆ってロングドライブ。

「僕も行きたい」と甥っ子。

あんた受験生でしょ。

「息抜きも必要だし」

息抜きばっかしてどうすんの。

車の運転は好きだけど、お酒を飲めないのが残念です。

というわけで、終幕でございます。1年間おつき合いいただき、本当にありがとうございました。叱咤激励、アドバイス、心から感謝しています。

独身街道（気に入ったのでお借りします）を驀進《ばくしん》するお仲間の皆さん、これからも頑張って参りましょう。

温かいお言葉、ありがとうございました。

どうか皆様もお元気で。

またお会い出来たら嬉しいです。

さようなら。

料理も得意で美人の私♪結婚なんてしようと思えばいつでも出来るわ！
若さあふれる20代の私
キラキラが止まらない
うふふふふー
…だったはずが…
あれよあれよと47歳
あ〜ん
イケメン
高収入
高学歴
ムキ〜
友達の結婚祝ってる場合か−！
甥っ子よ！
石田ゆり子も私と同い年よ！同じように写真撮って！
インスタで石畳に横たわるステキ同世代　石田ゆり子
←甥
いいけど…
どう？
伯母さん…なんかちょっと違う
ああ〜素敵な男性を振り向かせたい！

TOPIC 2

結婚するする詐欺？

おるか

彼と三年半おつき合いしています。最近、**「結婚するする詐欺にあっているのでは？」**と思いはじめています。一度湧いた感情は抑えられず、好きなのに、彼に対して不安が募っています。

ある日、彼に聞いてみました。

「私と喧嘩《けんか》した時に嫌われたかな？　とか、結婚をずっと先延ばしにして、他の人に取られるんじゃないかとか、不安になったことないの？」

「俺は、おるかを心の底から信じてるから、不安にならない」

彼にこう言われて、心が痛みました。私は彼に対して不安を抱いているのに、彼は私のことを信じている……。彼に対して申し訳ない気持ちでいっぱいになりました。

一方で、「あなたは不安じゃなくても、私は不安に思ってる。なぜ、私の不安を取り除こうと思わないの？」と、心の中で彼を責める時もあります。

申し訳ない気持ちと、責める気持ち、二つの思いの中で葛藤していました。

ところが、プロポーズしてもらう予定で、婚約指輪まで選んだのに、彼から「今は結婚を考えられない」と言われました。指輪も彼がキャンセルしました。その時から、「結婚するする詐欺」かもしれないと思いはじめました。

それから2週間後、私が医療保険や車購入の話をしたときのこと。「車は一緒に買った方がいいから、結婚まで待ちなよ。保険も結婚してからでいいんじゃない？」と言うのです。2週間前に「結婚は考えられない」と言ったのに。それに、以前、私が「結婚したら～〇〇」とたとえ話をすると、**「結婚ネタを言わなければ、とっくにプロポーズしてたかも」**と言ったのです。

彼の気持ちがわかりません。

別れ時では？

グミ

優柔不断で卑怯な彼ですね。

間違いなく、結婚するする詐欺にあってますよ。

女に結婚を急かされると、プレッシャーで気分が失せるのもわかりますが、いい大人なんだから、彼女が焦るのも理解できる話ですし、そんなに長くつき合ってるなら、「結婚しようか」となるはずです。それを何かと理由をつけて延期にして、そのあげくに、トピ主さんの口出しのせいで結婚する気なくなったなんて、卑怯だなぁと思いました。

こんな彼と結婚しても楽しくないですし、**キッパリ別れてはどうですか。**他にいい人が見つかる保証もないけれど、彼とダラダラ続いて結婚もできず、子供が産めなくなったとき、後悔しませんか？

彼といるのは時間の無駄です。

悠長なことを言っていてはいけません　イルカ

私が20代半ばでつき合っていた彼が、トピ主さんの彼みたいな人でした。結婚をちらつかせるくせに、こっちがその気になってウキウキしたら、「今はできない」と言う。

ある日、きちんと振ってあげました。そうしたら、ものすごく狼狽《うろた》えていました。まさか本当に振られるとは思っていなかったのでしょう。

その直後に出会った男性は「あなたは結婚適齢期だから、最初から結婚を前提におつき合いしましょう。3か月たって、僕が相応しくないと君が判断したら、そう言ってください」と言われ、翌年には結婚していました。

トピ主さんがおいくつかわかりませんが、社会人なんでしょう？　3年半もグズグズしててはいけません。**とっとと見切りをつけて次に進まないと。**一刻の猶予もなりません。

最後に話し合って　まどか

「今は結婚を考えられない」と言われた時、きちんと話し合いましたか？　トピ主さんは焦っていること、いつまで待てばいいのか、いつなら結婚できるのか……。

普通なら、「いつ結婚するの?!」なんて迫るのは良くないですが、もうここまで来たら、遠慮はムダですよね。つき合ってるだけの方が気楽だし、結婚は責任も重くて、逃げたくなる気持ちもわかるけど、その彼はズルいと思いますよ。

「結婚はいつかしたいし、するなら、相手はトピ主さんがいい。だけど、今じゃないんだよな～」って感じなのでは？　婚約指輪もノリで見に行っちゃったけど、いざ購入となったら怖気づいた。やっぱり、気楽なカレカノでいたい～ってところじゃないかな。

いま結婚したいトピ主さんと、いつかはしたい彼氏さん。ご縁はないんじゃないでしょうか。

最後に話し合って、無理ならお別れして婚活しましょう。

タイミングが悪い　羊

なぜ、彼が結婚をほのめかしたタイミングで「いつしてくれるの〜？」と聞かないの？　なぜ、自分が結婚したいのに、相手からのプロポーズ待ちなの？　別に女性からプロポーズしたって良いんだよ。彼のことが信用できないのに、そんな彼と結婚したいの？

一度、フラットな気持ちで考えてみたら？　彼と結婚したいのか、ただ単に結婚したいのか……。

いろいろなタイミングの悪さが、結婚に踏み切れない理由なのかもしれない。

不安になんてならない　Kumako

あなたが彼のことが大好きで、結婚したくてしょうがない様子が見え見えなのでは？

そうだとしたら、男性は不安になんてなりませんよ。結婚しなくたって、あなたはずっとそばにいてくれると思っています。そう思い続けている以上、結婚はあり得ないと思います。

あなたも少し視野を広げるために、結婚してくれる人を探してみては?

私の友人は約10年、「結婚するする」と言われ続け、限界に達し、見切りをつけてお別れしました。次の相手を見つけたとたん、彼から「結婚してくれ、失いたくない」と言われて激怒していました。**彼女から別れると言われても、きっと戻ってくるという謎の自信があったようです。**

もちろん、彼女は次のお相手と無事に結婚しました。

トピ主です

おるか(トピ主)

皆様、レスをありがとうございます。

年齢は、私が27歳(正社員事務)、彼が29歳(公務員)です。

まどかさんの分析ですが、

>結婚はいつかはしたいし、するなら、相手はトピ主さんがいい。だけど、今じゃない
>婚約指輪もノリで見に行っちゃったけど、いざ購入となったら、怖気づいた

私もそう感じました。

彼は「結婚するする詐欺」をしているつもりはないんだと思います。だからこそ、結婚の話しをされると、「考えてるのに、わかってるよ!!」とカリカリするのかもしれません。

つき合って半年くらいから、ふたりで貯金を始めました。当初は旅行の費用にするためでしたが、ここ1年半は結婚資金という認識に自然と切り替わっていました。現在200万円ほど貯まりましたが、目標金額は特に決めていません。ふたりで貯金をしているのだから、大丈夫だと思っていました。

羊さんの「彼と結婚したいのか、ただ単に結婚したいのか」も、考えたことがあります。私は彼と結婚したかったのですが、正直、わからなくなりました。

なかなか別れる勇気が出なくて……。そんなことを言っていたら、前に進めないのもわかってるのですが、すごく辛いです。

ここ一年、結婚や妊娠をした知り合いが5人いました。そういった話をすればするほど、逆効果だったようです。

「結婚の話が多過ぎてプレッシャー」

「わかってるって」

「大人しく待ってろ」

「絶対大丈夫だから安心しろ」

「おるかを幸せにするために仕事頑張ってんだから」

どういう心境で言ってるんだろう……。

一応、今年の初めに**「年内に結婚をするかしないか決めて」**と期限をつけましたが、彼がどのくらい真剣に受け取ってるかはわかりません。そもそも、期限を覚えているのかどうか……。

まずは、結婚の話は持ち出さないで、今年いっぱい様子を見てみようと思います。

結婚の話を一切言わなくなれば、彼も少しは焦りますよね？

そして皆様の意見にある、他の人を探すのも真剣に考えてみます!!

婚約指輪 好きなのを 選びなよ
ありがとー
結婚を先延ばしにされて ようやくプロポーズ
ヤッター
それから間もなく
オレやっぱり 結婚できない
ごめん
なんで！ どーして!?
指輪も キャンセル
CANCEL
それから2週間
車買おっかな〜
えっ車？
パラッ
CAR catalog
そーゆーの 結婚してからで よくない？
しれっ
結婚 してからぁ？
もしかして 彼は…
する？
しない？
結婚する気あるの？

TOPIC 3

「私と結婚すればお金が貯まる」は婚活で有利ですか？

井戸の中の美

私は「質素倹約」を実践しています。浪費なんて一切しません。それが唯一の取り柄で、それ以外はありません。

私は結婚しても**婚約指輪、披露宴すべて不要**です。サイズ（13号）が合えば**結婚指輪もネットオークションで構いません**。誰かのイニシャルが彫ってあっても気になりません。SNSなど見栄を張るようなものはやってません。

会社の自販機は使わずに、**自宅の水道水で作る麦茶を水筒に入れて持っていっています**。100円均一に何が売っているかすべて把握しており、欲しいものが**100円均一で買えるかどうかを常に考えています**。

格安スーパーで半額シールがついた食材を買っています。ベランダで家庭菜園

をしています。ヘアカットモデルなので美容院も0円です。

ペットも金がかかるので飼っていません。服はフリーマーケットで買います。ただしフリマ会場が終わるギリギリの時間に値切って買います。先日も１００円でワンピースを買いました。趣味は読書です。図書館で借りて読んでいます。

毎月14万円貯金しています。通帳の残高を見るのが楽しくてしょうがありません。貯めたお金でアパート一棟購入し、大家さんになるのが夢です。まだ足りません。

こんな私ですが、結婚するとお金が貯まることをアピールしたら、節約家の独身男性は振り向いてくれますか？

自己アピールの意味もあるが、それが条件でもあるよね？　夏帆

当然ですが、トピ主さんのやり方・生き方に賛同できる人は振り向きますよ。節約家の男性……というより、**超節約家の男性**かな？

逆に、そこまでの節約生活を良しとしない男性では、トピ主さんだって困るのでしょう？ **既婚者の節約生活は一方だけでは成り立ちません。**

「質素倹約」は、トピ主さんの自己アピールでもあるのでしょうが、相手に求める条件でもあるわけですよね？

トピ主さんと同様の節約生活が出来ないような男性では、トピ主さんが受け入れ不可なのですよね？

ならば自分を売り込むためだけではなく、トピ主さんが求める男性と出会うためにも、結婚後は超節約生活が必須であることを最初から明確に提示しておかないとダメでしょう。

似たタイプの人と出会えると良いですね。

低収入の男性にモテると思います

かえる

すごいですね。偉いですよ。低収入の堅実な男性にはモテると思います。トピ主さんと同じような性格の方に好感持ってもらえると思います。

頑張ってアピールしてください。

お金を自由に使いたい男性には引かれると思いますが、浪費家の男性には好かれたくないなら、気にしなくていいです。ちなみに私が男だったら、私は浪費家なのでトピ主さんのことは避けます。

節約家の独身男性はトピ主さんみたいな女性を探していると思います。トピ主さんほどの節約家はなかなかいないので、貴重です。

厳しいですね　大海知らずの蛙

つまり、**トピ主さんが家計を握ってケチケチ生きる**ってことでしょう？男性は嫌がるかもねぇ。ケチるより、ガッツリ稼いで月20万円貯蓄する女性の方が好まれそう。

それに、**本当にケチな人は結婚なんて不経済なことしないと思いませんか？**妻子にお金がかかることは当たり前。トピ主さんと合いそうなケチケチ男性は婚活市場では会えないと思います。トピ主さんも、婚活はやめた方がいいのでは？

結婚より独身の方がお金が貯まりますよ。

いや〜、どうだろう。　**夏**

トピ主さん、とても正直で善良な方だと思いますけど、トピ文の内容を婚活で言えば、自分から**「粗末に扱っても大丈夫！」**って触れ回るのと同じような気もしますよ。

同じような考えの男性に出会えたら上手くいくでしょうけど、お金目当ての依存したいという男が寄って来たときに、判別つきますか？

つき合っている時は働いていても、結婚したとたんに仕事辞めちゃう男性もいるみたいですよ。

嫌いじゃないけど　**くまおう**

トピ主さんの価値観は嫌いじゃないですよ。自分は高収入ですが基本的にケチです。

お金はありますが無駄なこと・筋の通らないことには1円だって払いたくないです。

資産残高の推移を見るのが大好き。株主優待・クーポン・ポイント・ふるさと納税も大好き。ここ数年は旅行やレジャーなどで現金を使ったことがありません。

高収入でも私のような男性もいますから、トピ主さんも価値観の合う男性と巡りあえばよいです。

ただ、**指輪13号だと太め体形**ですよね？

「倹約＝スーパーの見切り品」は炭水化物や揚げ物など糖質が多いですが、そういうものを多く摂取してませんか？

健康を害するのが一番カネがかかります。

服飾遊興の倹約は良いですが、食事は良質のものを摂ることをお勧めします。

多くの男性に好かれたいわけではありません。　井戸の中の美（トピ主）

沢山の回答ありがとうございました。

私は「**年齢**」「**容姿**」「**性格**」では一切、勝負しません。質素倹約を強みとして婚活で戦っていこうと決めました。

そこで質問です。「**質素倹約大好き男子**」が都内の何処に生息しているか教えてください。

職場にはまったく見当たりません。周りの男性は自販機やコンビニなどで缶コーヒーを買ったりしています。仕事が終わったあとに、飲み会に参加したり、浪費することばかりです。

私は帰宅後、副業や図書館で借りた20冊の本を読んだり多忙なのです。スーパーで半額シールが貼ってある時間までに帰宅しなければなりません。

私を上回るようなレベルの質素倹約大好き男子って何処にいるのでしょうか？

最近マッチングアプリなどが流行っているようですが、男性はメールを開封するたびにお金がかかるようで、そういったところにお金を使う段階で、浪費家男子だと思います。

多くの男性に好かれる必要はないのです。そんなものは目指していませんし、興味もありません。

あと、アパート経営はあくまでも低価格シェアハウスを開くのが目的です。簡易的に間仕切りし、部屋数を増やし貧困層向けのシェアハウスを開きます。併設したコインシャワーとコインランドリーなども収益となります。

私のことを「ケチ」だと見下す人がいますが、ケチと言われたぐらいでいじけているようでは「質素倹約道」は進めません。

私には夢があるので、そのために頑張っているだけです。

〈好きな男性のタイプ〉

容姿　不問

年齢　43歳まで

職業　不問

収入　年収350万円以上

学歴　不問
貯蓄　現在、給与の85％以上を貯蓄していること。
社宅などがある会社に勤務されている方は大変ありがたいです。

頑張る方向が間違っている　メロンパン

例えば、「月収20万円で14万円貯めているあなた」より、「月収60万円で30万円貯めている人」の方が豊かな生活が送れていて魅力的です。

まずは月収を増やす努力が先ではないでしょうか？

強烈ですね　775

「私と結婚すればお金が貯まるよ」ではなくて、「私と結婚したら給料の85％以上を渡してもらう。使い道もすでに決まっている」の間違いでは？

相手のお金を全額自分の夢に使う気満々じゃないですか……。そこに相手の夢も希望も入る余地がまったくなさそうです。

例えばの話、相手が一緒に貯めた貯金を全額、アパート経営ではなく馬に投資して馬主になる。昔から決めていた、絶対に曲げない、と言い張ったらどうします？

貯蓄の使い道を決める権利は双方にありますよ。

節約男子、お弁当男子をネットで探す？　ぬぬき

要するに、前向きに楽しく、一緒に節約生活を楽しめるパートナーが良いのですね。ネットでも、**節約生活を楽しむ人のブログ**などがあり、節約男子のブログもあるみたいですよ。あと、お弁当男子にも、主婦的な節約術が好きな男性もいますね。そういったサイトから、そういう趣味の人たちが集うコミュニティなどが見つけられないでしょうか？

あとは、男性の参加者もいる料理教室や料理サークルとか？

いかがでしょうか。

失望しました。私は笑いの絶えない節約家夫婦に憧れています。

井戸の中の美（トピ主）

ショックです。皆さんは私を誤解しています。私は質素倹約という自分の生きる道を見つけ毎日充実しているし、幸せです。勝手に不幸せと決めつけないで欲しい。**なぜ質素倹約だと不幸なのでしょうか。**発想があまりにも貧困ではないでしょうか。

同僚たちが自販機でお金を使うたびに「自分も自販機オーナーになったらどれだけ儲かるだろうか」と考えるだけで幸せです。

毎日、閉店間近のスーパーで半額シールを常連客たちと奪い合うバトル感。半額シールを巡る知能戦。その他、見切り品コーナーの監視でびっくりするほどの値引き品を見つけたときの感動。

指が太い？　大きなお世話です。節約とは関係ありません。もう二度と私の指の太さに触れないでください。

倹約思考のない男性と結婚する気はまったくありません。倹約思考のない男性と同居するなんて考えただけでもゾッとします。切磋琢磨して二人で質素倹約節約道を追求したいのです。

私は心がきれいです。電車で席を譲るなど、心が温まるほんわかエピソードも多数あります。ユーモアもあります。シニカルなジョークが得意です。初対面なのに「面白いね」と良く言われます。

優しそうに見られます。道を聞かれたり、スーパーで店員に間違えられたりします。そのスーパーが私の監視対象の店なら、棚番号も熟知しているので、親切に教えます。

新たな私の魅力を知っていただけたでしょうか。もう一度いいます。私クラスの質素倹約男子は何処にいるのでしょうか？

そんなの

黒旋風

そこら辺探して見つかるような男じゃありませんから、トピ主さんが「質素倹約ブログ」とか自分から発信すれば？　その中で同じ同士を見つければ良いと思いますが。

いわゆる**質素倹約男子ホイホイ**です。
それでも、そこまでの人がいるかはわかりませんけどね。

これをネタに漫画を描くんだ!!　はじめくん

「質素倹約大好き男子を探せ!!　婚活一直線!!」というタイトルで漫画を描いてみれば?

毎日、閉店間近のスーパーで半額シールを常連客たちと奪い合うバトル感↓バトルもあるよ!

半額シールを巡る知能戦↓スリリングな駆け引きも!!

「もやしを使ったメニュー30種類」とか、グルメ漫画の要素を取り入れればなおよし。うまくやれば、印税生活も夢じゃない!　……かも。

なぜ婚活？　みみ

トピ主さんのレス読む限り、ご自分がこうと思った生き方で充実してお過ごしのようですし、自己完結していらっしゃるように思うのですが、なぜ結婚なさりたいのですか？

子供がほしいから？（お金かかりますよ）

提案していただいた出会いを検討しました　井戸の中の美（トピ主）

ありがとうございました。

節約家は「結婚不適合者」であると決めつける人ばかりで驚いています。節約家女性が結婚したいと考えて何がおかしいのですか。結婚するのに、理由なんていりますか。**失礼なことばかりいう人の背中に「半額シール」を貼りたいです。**

さて　お返事させていただきますね。

1、図書館で出会いがあるのでは？　可能性5％

確かに男性は沢山いますが、節約家かどうかが判別できません。「家計簿／マネーのカテゴリでウロウロしていたのですが、それらしい人が見つかりませんでした。

2、閉店間近のスーパーにいるのでは？　可能性20％

割合でいうと6：4で女性が多いです。4割の男性のうち60過ぎ（外見が）の男性が約8割です。老人以外の男性が半額シール付き惣菜を買っていても、私は人見知りで、どう声をかけていいのかわかりません。

3、婚活節約ブログで男性を集める？　可能性65％

すでに節約ブログはやっているので、あえて婚活していることを前面に出して、男性との婚活前提の節約イベントをやることは可能です。ただ、私は容姿に自信がありません。

面白い

かかお

最初はおかしな人と思ったけど、トピ主さんのレス見てると面白い人なのかなと思えてきた。女性的魅力はなさそうだけど、人間的には面白いかも。そういうところを重視してる人もいるだろうから根気強く活動してれば、いつか似合う相手が見つかるかもね！

今の時代別に独身でもいいのでは？　結婚が全てではない

容姿が美しくても、性格が温和でも、教養があって高収入でも、あえて独身で優雅に生活している人も、都内こそ沢山いらっしゃるし、「質素倹約」が生きがいなら、なおのこと独身が良いと思います。

結婚は「健やかなる時も病める時も愛し合うことを誓う」ことです。トピ主さんは自分の事ばかりで、配偶者が苦境の時に支える気持ちが、本文レス共に読み取れません。

誓ったからと言って、そうそうできることではないのを承知の上で、できるように努力することが結婚です。

おいくつだか知りませんが、**トピ主さんは結婚するには精神的に幼すぎます。**本当に結婚したいのか自問自答するべきです。

2つの疑問にお答えします。

井戸の中の美(トピ主)

1、貯蓄ではたかが知れている。なぜ投資をしないのか？

ごもっともです。実は投資歴は15年近くになります。日本株から初めて　日経225先物、FXなどの経験があります。ついハマって給与のほとんどを投資に回したこともあります。リーマンショック、震災、トランプ政権誕生など予想外のことばかりが起き、一時期は途方に暮れたこともあります。2014年以前に購入した日本株だけを持ち続け、FXなどは撤退しました。配当も悪くありませんし、しばらくはそのままにしておきます。

これらすべての資産を合わせると、かなりの額になります。額は想像におまかせしますが、都内のタワーマンションが買える額です。でも、婚活では一切言いません。

2、私の理想の夫婦像

皆さん、AとBどっちの男性がいいですか？

A　プライベートジェットを持つ大富豪のプレイボーイ
B　年収は350万円の倹約家

私の場合、**断然B**です。質素倹約なのは、金持ちになりたいからではなくて、質素倹約の精神には美学があると考えています。質素倹約を「虚しい」「悲しい」という人には、日本人の美徳が失われていると憂いています。そんな精神の人の背中に**「半額シール」**を貼りたいです。

そして究極的に憧れる夫婦像について。

例えば郊外の巨大ショッピングモールにテナントとして入居している巨大スーパーに、閉店間近の半額シール付きの惣菜を求めてくる軽トラに乗った老夫婦。実は、この老夫婦は地主でショッピングモールに土地を貸している。そんな老夫婦に憧れています。

私は**欲をコントロールできる、高度な精神状態を維持**すべく日々頑張っています。そしてそれを理解しあえるパートナーが欲しいです。

TOPIC 4

婚活で身の程を知れと言われました

ワイン娘

先日から婚活を始めた29歳の女性です。

今まで2回、婚活パーティーに参加しましたが、今のところ何も成果はありません。

まだ2回なので、これからも積極的に活動しようとした矢先、友人にタイトルの言葉を言われて、動揺しています（実際の言い方はもっとソフトでした）。

年収は問わないですし、年齢も上下10歳まで大丈夫です。自分では間口を広げているつもりですが、本当にわたしの希望は高すぎるのでしょうか。そして、わたしが勝負できるアピールポイントは何でしょう？

自身のスペック
・身長153センチのぽっちゃり
・若く見られることが多々ある
・仕事は中小の事務職
・大学はマーチレベル
・家事はすべて、一通りできる

希望するスペック
・身長175センチ以上
・大手企業勤務、または公務員
・家事をすることに嫌悪感がない
・体育会系ではない

夢見る乙女が入ってる　ふ〜ん

「身の程を知れ」ではなく、「歳相応に考えて」かな。
身長175センチ以上は結婚相手に必須ですか？
身長を条件にしているあたり、「まだ現実的に結婚を考えてないな」と思いました。

意外と厳しい条件　siri

主さんの希望は、周りの既婚男性を見たら全然高くないんでしょうね。そして、その既婚男性の奥さまは主さんと大して変わらないスペック。だから、主さんは自分もこの条件の男性と結婚出来ると思っている。

- **身長175センチ以上⇒**日本人の20〜40代男性の平均身長は**171センチ**
- **大手企業勤務または公務員⇒**大手企業の定義は難しいですが、上場企業とすると

給与所得者の約1割。公務員も含めて大雑把に給与所得者の2割程度

この条件、かなり厳しいと思いませんか？　この条件の男性の多くは、すでに既婚者か恋人がいると思います。

そして、主さんは29歳で中小企業の事務職でマーチレベル。「身の程を知れ」とは言いませんが、主さんが希望する条件の男性の数より、主さんと同レベルの女性の数の方がずっと多いはず。初動に遅れた主さんが、希望の男性と出会うのは難しいかも……。

確実に勝つ手は思いつきません。とにかく数を打ってみるしかないでしょう。

自分と同レベルは排除？　るな

ご自身は小柄で太っていらっしゃるのに、お相手には175センチ以上を求める。あまり印象が良くないですね。仕事も中小の事務でありながら、相手には大手企業か公務員。なぜ釣り合いの取れる相手を排除するの？

高望み過ぎるわけじゃないけど、「自分と同レベルの相手では嫌！」ってところを、ご友人は「身の程を……」と言われたんじゃないですか。

希望が高い、低い、というよりも……　winterkid

トピ主さんが出された条件のうち、「家事をすることに嫌悪感がない」「体育会系ではない」は、結婚後の生活スタイルを左右する要素だし、交友関係とも関わってきますので、気になってしまうのもわかります。

ただ、もし他の条件を満たしていて身長１７０センチの人が現れたら、その人を候補から外すのはもったいない気がします。大手企業勤務でも結婚後にリストラされるかもしれません。最近では様々な事業の民営化が進められていますし、公務員だから安泰とは限りません。また、高額のお給料を得ていてもギャンブル好きや、家族のためには数万円しか入れないという人もいます。

「線引きするポイント」を、もう少し考えなおされた方がいいかと思います。

トピ主さんとほぼ同じスペックです　鱸さん

「ぽっちゃり」を外せば、トピ主さんとほぼ同じスペックでした。26歳（出会いは24歳）の時、トピ主さんの希望スペックの人と結婚しました。（夫は、いかにもな体育会系ではないけど、学生時代はスポーツをしてました……このくらいならOK？）

あのね、我々みたいな平凡で小柄で〝まあまあ可愛い〟を売りにするしかない女は、若いうちが華なんです。大人の女の魅力や美しさなんて出せないから！

トピ主さんは、29歳でも〝若くて可愛い〟と思ってくれる年上男性だけを狙い、年齢の上限をあげましょう。

譲れない点を一つに絞って、残りの条件は緩めた方がいいですよ　ぴよ美

せめて外見（身長）の条件くらいは外されたらどうですか？　トピ主さんが身長低めなのですから、160センチ台の方でも十分釣り合いますし、体格差が少

ない方がシックリくることも多いですよ。

「大手勤務か公務員」は、譲らなくてもいいと思います。幸せな結婚生活に経済的な安定は大事ですから。その分、パイは小さくなる（成功確率を下げる）ことは覚悟してください。性格・気質部分も、ざっくり「やさしい人」くらいでいいと思います。

トピ主さん自身に取り立ててアピールポイントがないのであれば、あまりアレコレ言いすぎると「何様?」と思われますから気をつけてくださいね。

身の程を知る…　辛いね・・・

トピ主さんは、「周りから羨ましがられる相手と結婚したいのかな?」と思いました。結婚はささやかな幸せが長く続いた方が、穏やかで良いですよ。

「身の程を知る」方法について書きます。

トピ主さんが事務職をしている職場を見回して、リアルに自分と結婚してくれそうな男性を思い浮かべてください。思い浮かんだ職場の男性と似たような人を婚活で探せば、すぐに結婚できますよ。

そして、トピ主さんの職場で独身女性で美人で性格の良い人を思い浮かべてください。その女性があなたのライバルです。婚活市場にはトピ主さんより、美人で可愛くて収入の高い女性がたくさんいるのです。

婚活市場もリアル職場も同じです。それが「身の程を知る」ということです。大切なのは、結婚後にトピ主さんが幸せかどうかですよ！

あんまり気にしなくていい　なな

年収を問わなくても「大手企業勤務または公務員」の段階で、結構絞ってますよね。この条件で年収200万円、なんて男性はいないでしょう。

私も婚活が長かったんですけど、周囲から言われる「高望み」「身の程知らず」は、そこまで気にしなくてもいいですよ。というのは、結局自分で婚活していけば、わかることだからです。

申し込んだ相手すべてに断られたら、高望みだったのかもしれないので、もっと条件を下げる必要があるでしょう。一方、周囲が「身の程知らず!」と叫んだところで、たった一人の理想の人が、たまたま自分を気に入ってくれることも当然あります。

相手に提示する条件は、もっと低めにしておくと良いでしょう。間口を広げた上で、申し込んできた人から選別していくといいですよ。

その過程で、**鼻が高すぎるなら自然に折れます**から。

若く見えても何の意味もない　コーヒー

お友達に本当のことを言ってもらってラッキーでしたね。それがなければ、勘違いしてあらぬ方向に突っ走り、お相手がなかなか見つからなかったと思います。

年収を問わないのであれば、大手企業でなくてもいいのでは。私は地方公務員です。倒産しない安心感はありますが、給料は大手企業よりずっと少ないです。子供を望むなら共働きは必須。

トピ主さん、若く見えても実際は29歳ですから、これは長所になりません。お相手の身長は165センチ以上にしましょう。これなら、だいたいの男性が入ります。

体育会系でもいいなと思う男性がいたら、会ってみたらどうでしょう。結婚話などは草食系の男性ではなかなか進みません。トピ主さんがどんどん引っ張っていくタイプならいいですけど……。

友人の意見を聞き、トピを立ててよかったですね。それがなければ、10年後も婚活していたかもしれません。キツいレスもあると思いますが、ご自身のことを考えるいい機会だと思います。

がんばってください。

その条件の人は婚活市場にほぼいない

アリシア

トピ主さんの条件をある程度満たしている19～39歳の男性は、婚活パーティには参加してないと思います。何らかの事情で参加していたとしても少数なので、多くの女性が群がるでしょう。

高望みというより、魚の少ない釣り堀でタイを釣ろうとがんばっている感じです。若く見えるといっても、20代30代の女性に「年より老けてますね」と言う人はまずいないので、お世辞だと受け取った方がいいと思います。

「理想の王子様じゃなければ一生独身でもいい」とお考えでしたら、妥協する必要は一切ありませんが、「早めに結婚したい」「子供が欲しい」のでしたら、間口を広げるべきでしょう。

- **身長162センチ以上**
- **(会社の規模は問わず)正社員**

あたりが妥当かと。

トピ主様の為に辛口　55歳主婦

「身の程を知れ」は痛烈な言葉ですが、あえてそう言ってくれた友人は大切にされた方がよろしいかと。

まずトピ主さんのスペック。売りは一点も無い。強いて言えば大卒だけれども、結果が伴っていない。「家事は一通り出来る」は、男女問わず最低のスペックです。

反面、相手には「これでもか」と条件を挙げている。身長、職業、家事能力。

これは無理。無理ですよ。

トピ主さんが「すさまじい美貌の持ち主」、もしくは、「ご実家がかなりの資産家」ならば勝負にもなるでしょうが。

ここは、相手に望む条件を下げましょう。「大卒、正社員、親と同居なし」からスタートすればいかがでしょう。

男性とおつき合いしたことある？

マミムメモン

私、身長が１７１センチあるのね。で、昔体重が73キロあったの。ある時、減量を決意して、運動してきれいに痩せた。そしたら、高身長がコンプレックスで「恋愛無理」って思ってたけど、３人から告白されておつき合いして、結婚もできた。

私くらいの身長の男性ってすごく多いの。私が、相手に１７５センチ以上を望むならわかるけど、トピ主さんは１７０センチでちょうどいいか、高すぎるくらいじゃない？

人それぞれだけど、**身長差あるとキスしにくいよ。**

身長も大企業勤務と公務員にあこがれるのも、何だか条件が夢見がち。

中小企業だって体育会系だって、身長が175センチ以下だって、素敵な人たくさんいるのに。すごくすごくもったいないよ。

ポッチャリは絞った方が体のためにもなるし、男性の見る目が変わるし、いいと思うよ。女性扱いされるって気持ちがいいものよ。

がんばってね。

トピ主です

ワイン娘（トピ主）

皆さん、コメントありがとうございます。どれも的を射ていると痛感しています。

ご質問について、補足させていただきます。
・**私の体重について……**48キロです。皆さんのご想像より軽いと思いますが、ぽっちゃりです。

・**中小の事務職について**……現職は転職後のもので、新卒で入った会社は大手上場企業の営業でした。週末を挟む出張が多く、プライベートがほぼなかったこと、数字に追われる毎日で、心に余裕がなかったため、3年前に転職しました。

・**大手企業または公務員希望について**……自分が大手勤務だったので、福利厚生等のメリットを身に染みて理解しているからです。また、身内に公務員がいますが、やはり安定していますので、安心感があります。

・**身長175センチ以上について**……自分の身長が低いことがコンプレックスなので、アンバランスを承知の上、お相手は背が高い方が良いです。175センチは自分の中で背が高い人をイメージした数字なので、絶対にそれ以上でなくては駄目ということはありません。

・**体育会系ではない人について**……前職の営業は、体育会系の男性が過半数の職場でした。ノリや勢いについていけないことが多々あり、それ以来、苦手意識を持ってしまいました。

もったいないかなぁ。

アルエット

私の知り合いに、凄い優良物件の男性が何人かいます。

30代で、年収は８００万～１２００万円。一流企業勤務ｏｒ資格もち専門職。人柄は温厚で誠実、仕事には鋭いプライドを持つ優秀な人。みんな容姿も決して悪くないです。少し線が細い秀才タイプですが、生活上も賢くて頼れる方です。

数人は既婚者で、奥様もお子さんもすごくお幸せそうです。

でも、トピ主さんの条件だと、ほぼ全員ダメです。身長が１６５～１７０センチあたりだからです。

身長の条件だけは、外してはどうですか？

他に非の打ちどころのない男性を身長のためにハネるのはあまりにもったいない。そんな人格にも能力にも全く関係ないうえに、絶対解決できない要素を必須条件にすると、損しちゃう気がします。

まだまだこれから　バリボン

厳しいご意見ばかりですが、全然大丈夫だと思います！

地方に住んでいると結婚する年齢が早めなので、厳しい意見になるのもわかります。都会なら、今どき30代半ばの出会いや結婚はたくさんあります。私もそのタイプです。

身の程を知らなきゃいけないような理想かなあ～。年収にこだわってないし、歳の差があっていいし。家事好きな男性だって、最近は結構いますよ。体育会系が嫌いなのは、好みの問題。知的で落ち着いてる男性が好きなのでしょう。１７５センチもモデルのようなイケメンでお洒落な人じゃない限り探せばいます。

ご自身のぽっちゃりだって、好みの問題ですから。数打ちゃ当たるで、たくさんの人と出会って見定めればいいと思う。

でも、時間は限られてます。無駄だと思ったら早めに次に行くように。

健闘を祈ります！

今が踏ん張り時ですよ　かぼちゃ

あなたの言い分はわかりました。今の条件は、あと半年か1年で区切るのが、これからのためでしょうね。最近は結婚をしない方も増えてきたし、結婚は目的ではなく、より良い人生を送る手段という認識が高くなっていると思います。

条件にこだわるよりも、あなたを愛して添い遂げてくれる人を探すことです。好きになってもらわないと、何にも始まりませんからね。これが重要だと思いますよ。

たとえ婚活であっても相性は大事ですし、大切な相手だからこそ、お互い妥協点を見いだせたり、苦労を乗り越えたりできるのだと思います。

条件だけで結婚出来ると思ってるところに、恋愛経験不足や思い込みを感じます。私は零細企業に勤めていた夫と一緒になりましたが、今は独立し、生活は安定しています。結婚当初から共働きですが、余裕のある今でもお互い働いています。そろそろセミリタイアを考えていますが、それも夫婦仲よく旅行ざんまいしたいという目的のためです。

うん

トピ主さんが相手に求める条件についてはうなずけます。多くの人がそういう相手を望むでしょう。私も相手へのハードルが高いと感じますが、アドバイスとしては、「友人に惑わされない」。まずこれが一点です。

正直、友人から「身の程を知れ」（大袈裟）と言われても、現在のトピ主さんはピンとくるわけがない。婚活の経験が浅いからね。なので、そのままの基準で頑張ってみれば良いと思います。運が良ければ、理想に合致する男性と出会えるかもしれません。少し外れていても、妥協できる範囲かもしれません。

ただ、万が一、頑張っても誰からも積極的なオファーがない場合は、自分の魅力に少し疑問を持ってみましょう。それが容姿であるのか、性格であるのかはわかりません。婚活では勝負ポイントを見つけるのではなく、弱点を少なくしていくべきです。それを踏まえて、頑張ってはいかがでしょうか？

黒旋風

トピ主です

ワイン娘（トピ主）

小町の皆様、様々なご意見ありがとうございました。厳しい意見も含めて、全部読ませていただきました。

皆様の意見を読んで、自分の中で結婚をすることがゴールになっていて、結婚に何を求めているのかをわかっていなかったことに気付きました。

もう一度、自分にとっての結婚を考えたうえで、ご縁がある方と巡り合えるように活動していきたいと思います。

レスしてくださった皆様も、幸せな結婚生活が続きますように＆素敵な方と巡り合えますように。

ありがとうございました。

2度目のパーティも自分に合う人いなかった〜
ハァ〜‥
友人
どうせ高望みしてるんでしょう
何を言っているの？私ぜんっぜん高望みなんてしてないわよ！
ウェルカム運命の人！私はここよ！
ちなみに結婚希望条件はどんな感じ？
コレ！
私の婚活用プロフィール
ピラッ
あ〜‥身の程を知
え？今なんて？

TOPIC 5

もてない美人

なみになりたい

皆さまこんにちは。

もてない美人、それは私です。

現在、30歳ちょっと過ぎの会社員です。中学時代から、わりと内気な同級生が、私に気がありそうにもじもじする気配を感じていました。しかし、中高共に実際のアプローチはなかったし、厄介なことに今日まで続いています。

社内・関連企業・お客様などから、気のある素振りは感じるのですが、実際の行動はしてくれません。だからといって、自分から行くのは御免です。同僚からも**「きっと彼氏いるよね」**とか言われ、いるようなフリをするのにも疲れました。

「このまま結婚せずに終わるのか」という心配すら出てきました。

私と同じ悩みを持つ美人は案外多いのでは？
この先どうすれば良いのでしょう。

見た目がきれいなだけでもてる時代ではない　レンのん

ファッションやお化粧で、だれもがそれなりに可愛くなれる時代です。むしろ美人だと敬遠されがちで、少し愛嬌のあるくらいがちょうどいいという感覚でしょう。

最近の男子は草食系ですから、お互いに積極的にならないと何も始まりません。ある程度の見た目は必要ですが、最終的には中身と相性とタイミングです。手っ取り早く婚活するか、恋愛にこだわらず、男女に関係なく友人を多く持てばいいと思います。

美人でも感じ良くないとモテないですよ

ミルク

私は外見はフツーですが、彼氏は途切れたことないし、告白もたくさんされました。今は幸せな結婚をしてます。

私がほめられるのは、**「笑顔が可愛い」「愛想がいい」「雰囲気がいい」「面白いし、いろいろなことを知ってる」**です。ぶっちゃけ、今まで美人と言われたことないです。彼氏や夫からですら、言われないです。

外見はフツーのラインをクリアしてれば、後は雰囲気とか感じの良さが大事なんだと思います。

私は本当につき合いたい男性には自分からガンガン行きましたよ。夫にも私からガンガン行きましたが、今となっては夫の方が私に夢中です。

告白なんてキッカケに過ぎません。トピ主さんが自分に自信があるなら、告白してから相手を夢中にさせたらいいんじゃないの？

まずは自分から明るく話しかけたり、元気よく挨拶したり、美人で感じのいい女性を目指しては？　美人で中身も良ければ無敵ですよ。

「自分から行くのは御免です」　↑↑3R

「自分から行くのは御免です」。これに尽きるんじゃないかな。

要は「私は美人なんだから男性から尽くされて当然！」ってことでしょ？ そんな高慢な女性がモテるわけないです。「性格的に自分からは行けません」なら可愛げもあるけど、「なんであなた方ごときに私から？」でしょ？

どれだけ上から目線？ まぁきっと性格的に自分から行くのは恥ずかしいとかあるんでしょう。でも、本当に恋人が欲しかったら、そんな恥かなぐり捨てなきゃダメだと思いますよ。そういう弱点を見せるのもテクニックの一つです。

なぜ、彼氏がいないフリをするんでしょう。素直に「私、モテないんですよー。彼氏いたことありません」って言っちゃえばモテるのに。見栄っ張りなところも男性を遠ざけてる一因でしょうね。

ザックリまとめると**「高慢で見栄っ張りで嘘つきな女性」**ってことですよね？ それじゃいくら美人でもモテませんよ。

それに容姿の美しさなんて賞味期限があります。容姿だけに惚れられても、その美しさが保つのはせいぜいあと10年です。そこから先は相手次第ですが、トピ主さんのように「自分を美人と思ってる美人」にとって、加齢による変化はキツいんじゃないかな？

もうちょっとご自分の外見・内面を客観視して、モテるにはどうしたらいいのか検討された方がいいと思います。

わかります！　私も美人です。　daifuku

わかりますよ。私も美人です。

気配は何度も感じてきました。でも、誰もアピールしてこない。

「もしかして勘違い？」と思いもしましたが、婚活したらすぐにいい人が現れました。

美人がチヤホヤしてもらえる時期、売り時はそろそろ終わります。せっかく美人に生まれたのなら、それを生かしてさっさと金持ちと結婚しましょうよ～。

ダラダラと美人を持て余して、いいことはないです。

だって、私は美人なのよっ！　凡人顔。

「え？　まさか、こんな美人の私を誘う気？　そんな勇気あるの？」という態度が出てるのですよ。棘《とげ》もあるし、隙もない。

笑顔を見せながら世間話でもしてごらんなさいな。ぐっと親近感が増して、「ああ、話かけてもいいんだ」と男性も思いますよ。

彼氏いるフリも、「こんな美人に彼氏いないなんて」と思われるのが嫌、つまり美人がゆえに「見栄」を張らなければならない。確かに疲れるウソですね。

トピ主さんの場合、自分は美人だと思うのをやめ、男性にほんの少し愛嬌を見せ、話しやすい雰囲気にすれば、すぐ彼氏が見つかりそうです。

あー、あのね　はれはれ

モテるのに美人・不美人は関係ないんですよ。容姿はモテる要素のひとつでしかないです。フィギュアスケートで言えば、基礎点が高くても、他の加点がなかったり、減点が多かったりすると総合点で負けちゃいます。

失礼ながら、トピ主さんは、たとえ並みの容姿に生まれついていたとしても、やっぱりモテないと思います。だって、**なんだか偉そうで親しみやすくない**んですもん。恋愛市場で高得点なのは、親しみやすさと雰囲気の明るさだと思います。なぜ、わざわざ人間味のない態度を取るのでしょう。誰だって成功率の低いチャレンジはしたくないので、あなたの態度を見て「ああ、これは難しいな」と思ったら、声をかける対象から外します。

第一印象最悪の男女がやがて恋愛に発展していくのはマンガの世界だけです。

好きな人ができたことは？

Kate

手紙を渡されたり、人づてにアドレス聞かれたりという間接的なアプローチもなく、本当に「もじもじする気配を感じる」だけでしたか？　そこまでアプローチされない美人はレアだと思います。

トピ主さん自身は好きな人ができたことはないのでしょうか？　結婚もせず終

わるのことを懸念しているということは、恋愛に興味がないわけでなく、人並みに恋愛も結婚もしたいということですよね。

でしたら、「自分から行くのは御免」という意識は捨て、とにかく動かなきゃ。恋愛したい気持ちがあるなら、好きな人や良いなと思う人に、自分から接近しないと進まない。そこは美人でも不美人でも同じです。

男に言い寄られすぎて男嫌いになった美人の友人がいます。モテすぎても楽しいことばかりではない様子。誰かアプローチしてほしいと思えるトピ主さんはまだ幸せかも。

晩婚化が進む中、30歳過ぎたからって「このまま結婚せずに終わるのか」なんて悲観する時代ではありません。

一生に一人だけ大事な人に出会えればいいじゃない。

もっと  一言

モテないのは
自分のせいだって
自覚はしましょうね。
おっさん

高嶺の花で敬遠され
がちとかいっても、
結婚してる美人だって
いるのですから。
てりやき

トピ主さんはフェロモンが
足りないんじゃないかな。
ペチコス

彼氏がいるような
フリ止めて
気軽に合コンでも
行ってみたら？
kumo

「中途半端な美人
程度でお高く
とまってる」のが
イケナイのです。
美人妻

素敵な人がモテるんです。
もね

社員食堂にて
隣いいですか
はい、
営業のTくん いつも私のこと チラチラ見て 気がありそうな人だ！
明日の土曜日は 久しぶりに 晴れそうだなー
もぐもぐ
天気のいい日は ドライブとか いいですよね 車も乗ってあげなきゃ だし…
急に休日の話？ しかも車持ってる アピール！ これは私を 誘うつもりね！
じゃお先に 失礼しまーす
くるっ
ニコー！
えっ…
ドッ…ドライブは…？
アプローチ なしかーい
こんなのばっかり！ 私はどうしたら!?

TOPIC 6

よし来た！　結婚か！

ゆうゆう

こんにちは。

アラサー女の心の内を誰かに聞いてほしくて投稿しました。身近な人に話すと気を使わせてしまうと思ったので、ここで吐き出させて下さい。

お目汚し失礼します。

先日誕生日を迎えました。誕生日の数日後、約3年つき合った彼から、話したいことがあるから、ゆっくり会えないかなと連絡がありました。

私たちは遠距離というほどではないですが、会うには少し気合のいる距離で、休みもなかなか合わないため、1か月ぶりのデートでした。

正直……

きた！　きたきたきたきた！
これはプロポーズじゃんね！
え、もしかして記念日になる?!
きっと写真撮るよね?!
何着ていこう！
それより、何てお返事しよう！
はっ、仕事どうしよう！
向こうの住まいに合わせると通勤つらいっ！
週末婚？　それもアリか?!

ものすごくテンションの高い妄想を巡らせていましたが……。当日。
はい、はいはいそういう事でしたか。
ちーん。

……お別れしました。

最近ドラマやマンガで良くみますね、こういう展開。珍しく流行に乗ったみたいです、私。

舞い上がった自分に喝！　そして、もしかして結婚したかったのか私！　知らなかったぞ！

読んでくれた皆様、ありがとうございました！

明日も仕事頑張ります。愉快な上司とひょうきん者の後輩と、プロジェクト成功させてみせます！

ゆうゆうさん、ごめんなさい

風薫り海航り空翔る

深夜にも関わらず、爆笑してしまいました。

いや、悲しむべきですね。たいそうおつらい状況であることは重々承知しております。承知してはおりますが……ゆうゆうさん、あなた可愛いです。

おつらいのに、文章にはユーモアとサービス精神があふれていて、読んだ私たちは少なからず温かな心持ちになれました。ありがとう。

プロジェクト、頑張れー!!

がんばれ~

立春

きっと想像したような話だったら、誕生日の数日後ではなくて、当日だったのではないでしょうか。

ユーモアあふれる文章の裏にゆうゆうさんの悲しみ、落ち込んでいる姿が見えます。

今回は期待外れの結果で、悲しいドラマの主人公のようになってしまったけど、まだ30歳前後でしょ。大丈夫！　きっとこれからいいことありますよ。

ハッピーエンドの主人公になれるよう応援してます！

がんばれ~。

思い出した〜!

Orange7

トピ主さん、その気持ちすごーくわかります。私も似たような体験したことがあります。

当時つき合っていた彼が突然、「将来のことどう考えている?」って聞くのです。心の中で「来た来た!」って思いましたよ。「そっちはどう思っているの?」と聞き返したら(もちろんプロポーズを期待して)、「うーん、何か違うと思うんだ。ごめん、結婚は浮かばない。もし結婚を期待しているのなら、別れた方が君のためかと」って言われました。

私の場合、そこで別れなかったのですが、数年後に別れました。今は違う人とおつき合いしていて、結婚を申し込まれています。

だから、主さんもきっと良い人が見つかりますよ。次、行きましょう〜!

一時停止して、深呼吸して、がんばってね

smile

前向きに乗り切ろうとする姿勢は素敵ですが、仕事を逃げ場にしてはなりません。

漫画やドラマだと、振られて仕事に打ち込んでるアラサー女子には、直後に素敵な出会いがあるものですが、現実ではまずありえません。

水を差すようですが、なぜ振られたのか、どうして結婚相手として見てもらえなかったのか、自分には何が足りなかったのか。ちょっと立ち止まって顧みることも必要かと思います。

冷静になったら、自分が一生一緒にいたいのはどんな人なのか、見えてくるものです。

つらいときは泣いていいんですよ。がんばれ、がんばれ。

あなたはきっと幸せになる

けんと

せっかくの誕生日が台無しになりましたね。でも、来年の誕生日はきっと笑顔で迎えられると確信しています。

何故って、あなたはとても明朗で感じが良く、性格もすごく良さそう、それに一緒にいたら気持ちを温かくしてくれそうな女性。世の男性たちがほっておくわけがないし、私がもっと若くて独身ならアプローチしますよ（笑）。

プロジェクト頑張って、そしてお幸せに！

ありがとうございます。

ゆうゆう（トピ主）

皆様、温かいコメントありがとうございます。

勢いで書いてしまった文章で、後々読み直してみると変なテンションでお恥ずかしいです。それでも、たくさんの方に読んでもらえて、エールをいただき、コメントもいただいて、とても救われました！

励ましのお言葉や今の気持ちに共感してくださった方、慰めてくださった方、お陰さまで、別れてから初めて泣くことができました。

涙を流すのは最高のデトックスですね！　これで本当に前を向いて歩き出せそうです。

そして、この変なテンションを笑ってくださった方、本当にありがとうございます！　お笑いの国出身なので、笑っていただけたことで元気が出ました！

いやー、もうこの年になると意外とダメージがきついんですね。でも皆様のお陰で、何とか私、がんばれます！

大丈夫、大丈夫。

いつか実生活でも笑って友人に話せる日も来る気がします。

最高の友人、同僚、そして小町の皆様に囲まれて私は幸せだー！

トピ主さんが幸せになる様に！　全力で応援するよ！

トピ主さんは嫁にはもちろん、母親になっても頼もしそう！

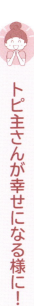

顔で笑って心で泣いて、健気《けなげ》で良い娘さんじゃないですか。こんな子を嫁にしたら男は幸せだよ、出世するよ。

発言小町にも「長い春の末にお別れしてドロドロ」の人から、「あの日泣いた私が、トントン拍子に結婚しました！」という、うれしいトピがありましたよ。

私もトピ主さんを全力で応援するよ！　元気出してね！

あのさ、ショックな時はショックだって思った方がいいよ　シトロン

自分をごまかして、仕事に逃避しても悲しみは消化できない。自分の心の声に蓋をしていても、いつか気づく時がくる。その時が遅いほど、もっと虚無感は強くなるよ。

だから今は弱っててもいいと思う。少なくてもプライベートでは。それが、起きたことを受け止めるってことだと思うから。

変に強がったり、おどけたりする必要もないよ。ポジティブな考え方は、それはそれでいいけど、もっと深く考える癖をつけた方がいいと思う。

心の叫び

ゆうゆう（トピ主）

引き続きコメントいただきありがとうございます。

ドラマのような展開から約1週間が過ぎ、いつもと変わらない日常に助けられ、なんとか悲観的にならずにすんでいます。

発言小町で「いっぱい泣いていいよ、愚痴っていいよ」って言っていただいたので、お言葉に甘えて、再び心の内を吐き出させてください。


おいおいおいおい。なんだとこらー。

「仕事がんばる君が好き。お陰で僕もやる気が出るよ。こうやってお互い高め合える関係でいたいね、ずっと」って言ったの誰だー!!

「仕事続けられるのはちょっと……」だと？　いつの間の心変わりだよ！

びっくりだぜ。

しかもしかもしかもしかも。実家に帰りたいだとー！

「ついて来てくれないなら別れる」って、ひょこひょこついて行けますか！

実家、離島じゃん。漁業でもすっか？　え？　あなた泳げませんよね？

一体何事?!　どうしたっていうの?!

輝かしいオフィス街でスーツを格好良く着こなして、鞄には常に携帯用ＰＣ、早く仕事が終わると夜に待ち合わせして、オシャレなデートスポットでディナー。食べ方もスマートで、お話も面白くて、仕事の愚痴も交えながら、笑い合い、称え合い、励まし合ったじゃん！

一緒にいると楽しくって楽しくって、仕事も出来て優しくて面白くて。

そりゃ喧嘩もしたけれど、格好良く見えてたんだよー!!

知らなかった、知らなかった。あなたがそこまで地元好きとは。ご両親があなたの帰りを待ちわびていたとは。知らなかったんだよー！

そもそも私、なぜに！　なぜに今まで気がつかなかったんだ?!

え？　恋は盲目ってか？　そんなウブなこと言ってる歳じゃねーだろーが。

優しい人だった？　それは弱さだったんじゃないか？

私のことを尊重してくれていた？　どーでも良かっただけじゃないか？

将来の話？　したよ、したよね。

幻想だったのか？　いや、その時はそんな気分だっただけなのでは？
バッキャロー！　バッキャロー！
なんて男だ！　残念な人！　あなた実は残念な人だったのねー！
でもそんな彼を好きだったのも、彼の意外な一面に気付かなかったのも私だ。
結局私だ。
喝喝喝！　やっぱり私に喝！　もーーー！　喝！

ここまで読んでくださった方。いらしたら、心よりお詫び申し上げます。
こんなすったもんだの末に振られたアラサー女の醜い心の叫びでした。

10　爆笑！

moka

風邪で喉が痛いのに爆笑してしまいました！
なんだかんだ言っても、最後には自分に喝を入れられるトピ主さんが、なんて素敵で可愛らしい方なんだと思いました。

私も自分に喝を入れながら、気がつけばアラフォー（涙）。

「こうなったら仕事の鬼になってやる！」と女を忘れてガツガツ仕事していたら、知り合いの知り合いから紹介され、彼と出会って1年で結婚しました。

39歳での結婚だったので、勝手に「サンキュー婚（ありがとー婚）」と命名（笑）。

縁がある人とはスムーズに進むもんだな〜と、今でもビックリ。

トピ主さん、今はまだ気持ちがザワつくこともあるでしょう。でも、トピ主さんなら、彼と出会ったことも別れたことも、これから出会う人のために必要な経験だったと感謝できる日が来ますよ。

お互いを大切にし合える人に出会えますように！！

もっと一言

これでもっといい出会いを掴めるな！

不屈闘志

そんな男のためにもう泣くのをやめて。

殿様のお上さん

トピ主さん、
きれいごと言わなくていいんだよ。
「この、野郎。貴重な３年間を返せ！
気をもたせやがって」ぐらいの
暴言吐いてください。

おにぎり

トピ主様は、大丈夫。
今はショックで悲しいけど、必ず立ち直れるし、彼より良い男にいくらでも巡り合えるから。

オババ

その人とは縁が無かっただけ。
もっとトピ主さんに合う人がいます！

まる

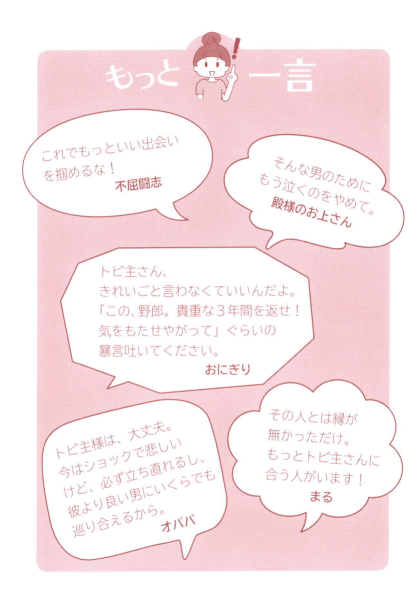

ピローン
彼からだ
話したいことがあるからゆっくり会いたい
プロポーズ!?
私の誕生日のあとだし…これってもしかして
ドキドキ
パァ～
約3年の想い！実る時がキター！
GOAL IN!
ブラボー！
私もついに嫁に行くのね～
君…仕事やめられないよね？ボク離島の実家に帰りたいんだ…
へ？
石化
てことで別れよう
チーン…
あ…そう……

大手小町編集部

大手小町編集部は、読売新聞の女性向け掲示板「発言小町」と働く女性のための情報サイト「ＯＴＥＫＯＭＡＣＨＩ（大手小町）」を運営しています。どちらも女性のホンネが詰まっています。大手小町には、発言小町からピックアップしたニュース記事も掲載しています。名前は編集部のある東京・大手町にちなんでいます。

発言小町シリーズ

何とか結婚できないものでしょうか

2019年10月10日　第1版第1刷

編　者　大手小町編集部
発行者　後藤高志
発行所　株式会社 廣済堂出版
〒101-0052
東京都千代田区神田小川町 2-3-13 M&C ビル 7F
電話 03-6703-0964（編集）　03-6703-0962（販売）
Fax 03-6703-0963（販売）
振替 00180-0-164137

印刷・製本　株式会社 廣済堂

ISBN 978-4-331-52255-4 C0095